FRANÇOISE ET
DANIEL CONSTANTIN

L'auberge Pyrénées Cévennes (Paris 11e)

recettes de

BISTROTS

les grands classiques

PIERRE SAUGRAIN

La Fontaine de Mars (Paris 7e)

CHRISTIAN CONSTANT

Café Constant (Paris 7e)

recettes de

BISTROTS

les grands classiques

JEAN-CHRISTIAN DUMONET

Joséphine (Chez Dumonet) (Paris 6e)

Directeurs de collection
Lise Boëll
Claude Lebey

CLAUDE LEBEY

recettes de

BISTROTS

les grands classiques

Albin Michel

SOMMAIRE

LES HORS-D'ŒUVRE

LES PLATS

LES DESSERTS

PRÉFACE

Autant le dire tout de suite, nous, on aime beaucoup les bistrots de Paris. Les vrais, bien sûr, pas les faux, les snobs.

Ce qu'on aime dans ces bistrots ? Le décor, souvent un peu misérabiliste parce qu'on ne gagne pas des montagnes en vendant des œufs mayo, du sauté d'agneau et de la crème caramel, mais aussi parfois un décor ancien, plein de charme, typique de la fin du XIXe siècle. Dans les bistrots de Paris, on aime aussi l'ambiance bon enfant faite de connivence entre le personnel et les habitués.

Et puis, et surtout, on aime les plats qui sont proposés, de l'œuf mayonnaise (moins simple qu'il n'y paraît à réussir) à la tête de veau, du filet de hareng pommes à l'huile au bœuf miroton et au gâteau de riz.

Ici, jamais la moindre innovation. Pas de plats nouveaux, jamais non plus d'interprétation : c'est donc un vrai conservatoire de la tradition bistrotière qu'on trouvera dans ces recettes.

Après avoir publié depuis vingt ans « Le Petit Lebey des bistrots parisiens », il nous a paru naturel de donner aux lecteurs la possibilité de faire des dîners-bistrot à la maison, ou simplement de régaler la famille avec des recettes traditionnelles et toujours peu coûteuses.

Claude Lebey

LES HORS-D'ŒUVRE

Comédie des Champs-Elysées
les frères Jacques
LILLET

Pour 4 personnes

Préparation : 25 min **Cuisson :** 35 min environ

LA SOUPE À L'OIGNON GRATINÉE

- 1 litre de bouillon de bœuf ou d'eau
- 4 beaux oignons
- 125 g de gruyère
- 4 tranches de pain de campagne
- 1 œuf de beurre
- Sel, poivre

Epluchez les oignons, coupez-les en deux, puis émincez-les en fines rondelles.

Dans une casserole à fond épais, faites fondre le beurre. Quand il est blond, mettez les oignons à cuire doucement, à couvert, jusqu'à ce qu'ils deviennent transparents, puis blond foncé. Ils doivent prendre une couleur soutenue, mais il faut absolument éviter qu'ils noircissent, car la soupe prendrait un goût amer.

Quand les oignons sont arrivés à bonne couleur, versez le bouillon (ou l'eau) froid dans la casserole. Portez à ébullition, salez modérément, poivrez et laissez mijoter à petits bouillons 20 minutes.

Pendant que la soupe mijote, faites griller les tranches de pain entières ou coupées en 2 (selon la taille). Mettez-les dans une grande soupière ou répartissez-les dans des petites soupières individuelles. Râpez le fromage.

Quand la soupe est terminée, versez-la sur le pain. Saupoudrez de gruyère râpé et passez 5 minutes au gril du four pour faire prendre au potage une belle couleur dorée gratinée. Servez immédiatement.

ASTUCE DU CHEF

Préparez cette recette au dernier moment.

Jean-Christian
Dumont

Pour 4 personnes

Préparation : 10 min + 15 min **Cuisson** : 35 à 40 min
Macération : 2 à 3 jours

LES FILETS DE HARENG, POMMES À L'HUILE

- 2 paquets de filets de hareng (ou 400 g de filets de hareng frais)
- 3 oignons moyens
- 2 carottes moyennes
- Huile d'arachide (suffisamment pour immerger les harengs)
- Sel, poivre

Pommes à l'huile

- 4 à 5 pommes de terre moyennes
- Persil
- Ciboulette
- 1 feuille de laurier
- 3 cuillerées à soupe d'huile d'arachide
- Sel, poivre

Epluchez les oignons et coupez-les en fines rondelles, en supprimant les 2 extrémités qui ont souvent un goût âcre. Coupez les carottes en rondelles assez fines. Dans une terrine, disposez une première couche de filets placés les uns à côté des autres. Recouvrez d'une couche de rondelles d'oignon et de carotte. Superposez une autre couche de filets, puis d'oignon et de carotte, et ainsi de suite jusqu'à épuisement des ingrédients, en terminant par des oignons.

Recouvrez complètement d'huile : l'ensemble doit être immergé. Laissez macérer 2 à 3 jours au frais, mais pas dans le réfrigérateur, recouvert d'une serviette ou de film alimentaire.

Préparez les pommes à l'huile juste avant de servir, pour les déguster tièdes. Épluchez les pommes de terre et faites-les cuire à la vapeur pendant 35 à 40 minutes. Lavez et hachez le persil et la ciboulette.

Quand les pommes de terre sont cuites, égouttez-les et coupez-les en rondelles tant qu'elles sont encore chaudes. Placez-les dans un saladier, salez, poivrez et versez l'huile. Ajoutez le persil, la ciboulette et le laurier. Mélangez délicatement. Servez immédiatement en accompagnement des harengs.

ASTUCES DU CHEF

- Si vous utilisez des filets de hareng frais, choisissez-les d'apparence bien moelleuse et sans arêtes.
- S'il vous reste des harengs, utilisez-les dans les 2 ou 3 jours qui suivent, sinon ils fermentent et deviennent impropres à la consommation.
- Pour les pommes à l'huile, employez des pommes de terre à chair ferme ou, au choix, des pommes de terre de consommation courante.

LES HORS-D'ŒUVRE CLASSIQUES

Ils sont bien agréables, car il suffit de les acheter et de se contenter de bien les présenter dans un plat pour qu'ils soient appétissants.

Certains demandent une petite préparation, tels les radis qu'il faut convenablement éplucher, laver et sécher, ou les escargots qu'il faut faire chauffer au four bien calés dans un plat pour que le précieux beurre ne s'écoule pas.

D'autres, plus élaborés, peuvent être faits « maison », telle la terrine de foies de volaille, dont vous trouverez la recette dans ce livre. Mais si vous n'avez pas le temps de vous mettre aux fourneaux, vous pouvez aussi les acheter chez un bon fournisseur...

Voici une liste non exhaustive de ces hors-d'œuvre :

- le radis beurre,
- le saucisson sec, le saucisson à l'ail,
- le jambon de pays, le jambon persillé,
- le fromage de tête,
- le pâté de campagne, la terrine de foies de volaille,
- les rillettes et les rillons,
- les sardines à l'huile, le thon à l'huile,
- les escargots au beurre d'ail,
- la salade de museau.

CONNÉTABLE
CONNÉTABLE
CONNÉTABLE

Pour 4 personnes

Préparation : 20 à 25 min **Cuisson :** 10 à 12 min

LES POIREAUX TIÈDES VINAIGRETTE

- 16 poireaux moyens

Vinaigrette

- 4 cuillerées à soupe d'huile d'arachide
- 1 cuillerée à soupe de vinaigre
- 1 cuillerée à café de moutarde blanche
- Sel, poivre

Coupez la racine des poireaux. Tranchez-les en deux de façon à ce qu'ils soient tous de taille égale en ne conservant que la partie allant du vert clair au blanc (vous pourrez utiliser les parties vert foncé pour un potage, par exemple). Retirez les feuilles dures extérieures.

Ficelez les poireaux ensemble en 3 ou 4 petits bottillons. Faites-les cuire pendant 10 à 12 minutes dans une grande casserole d'eau bouillante salée. Veillez à bien calculer le début de la cuisson de manière à ce qu'ils soient encore tièdes au moment de les servir.

Pendant ce temps, préparez la vinaigrette. Dans un bol, délayez la moutarde dans le vinaigre. Ajoutez du sel et du poivre. Versez l'huile en filet puis travaillez légèrement.

Quand les poireaux sont cuits, récupérez-les avec une écumoire et égouttez-les sur un torchon pour absorber tout l'excédent d'eau de cuisson. Déficelez-les puis placez-les côte à côte, encore tièdes, dans un plat long. Arrosez-les de vinaigrette et servez immédiatement.

ASTUCE DU CHEF

Ajouter à votre vinaigrette des fines herbes : persil, civette, estragon, échalote ou cerfeuil hachés.

Pour 4 personnes

Préparation : 20 à 25 min Cuisson : 10 min

LES ŒUFS DURS MAYONNAISE

- 6 œufs entiers + 1 jaune d'œuf
- 1 verre et demi d'huile d'arachide
- 2 cuillerées à soupe de vinaigre de vin
- Moutarde
- Quelques feuilles de laitue
- Sel, poivre

Faites durcir les œufs en les plongeant 10 minutes dans une grande casserole d'eau bouillante. À la fin de la cuisson, attrapez-les avec une écumoire puis rafraîchissez-les en les plongeant dans de l'eau froide.

Préparez la mayonnaise. Dans une jatte un peu profonde, mettez le jaune d'œuf, 1 cuillerée à soupe de vinaigre, 1 cuillerée à café de moutarde, du sel et du poivre. Fouettez soigneusement le tout.

Montez la mayonnaise en laissant couler un filet d'huile dans la jatte tout en travaillant régulièrement le mélange avec un petit fouet, jusqu'à ce qu'il ne reste plus d'huile.

Quand la mayonnaise a pris, vérifiez l'assaisonnement en sel et en poivre. Relevez-la en ajoutant de la moutarde et la deuxième cuillerée de vinaigre. Incorporez bien. Si la mayonnaise est bien prise, elle ne doit plus tourner.

Épluchez les œufs et coupez-les en deux dans le sens de la longueur.

Choisissez quelques feuilles de laitue bien blanches. Émincez-les et garnissez-en le fond d'un plat. Posez dessus les moitiés d'œufs durs, nappez-les de mayonnaise et servez.

ASTUCE DU CHEF

Présenter les œufs durs avec quelques feuilles de sucrine, en remplacement de la laitue.

Pour 1 terrine de 1,2 litre

Préparation : 1 h **Cuisson :** 45 à 50 min
Macération : 1 nuit

LA TERRINE DE FOIES DE VOLAILLE

- 250 g de foies de volaille (canard ou poulet)
- 150 g de foie de porc
- 350 g de chair de porc bien maigre
- 350 g de lard de poitrine
- 400 g de bardes fines
- 1 blanc d'œuf
- 1 gousse d'ail
- 50 g d'échalotes
- 40 g de mie de pain
- 2 cl d'armagnac
- 8 cl de crème fraîche
- 10 g de paprika doux
- 2,5 g de poivre vert
- 1 pointe de poivre de Cayenne
- 10 g de sel

La veille, parez soigneusement les foies, coupez-les en lamelles ainsi que le lard et le porc. Placez le tout dans un grand plat.

Epluchez l'ail et les échalotes, écrasez-les au-dessus des viandes. Coupez la mie de pain en lamelles et mettez-la dans le plat. Ajoutez l'armagnac et les épices.

Dans un bol, battez légèrement le blanc d'œuf et la crème puis versez-les également sur les viandes. Couvrez le plat d'une feuille de papier aluminium et laissez macérer au frais toute la nuit.

Le jour même, passez l'ensemble de la préparation au hachoir (grille fine) à deux reprises. Posez un saladier sur un lit de glace. Transvasez-y la farce. Travaillez à la cuillère et mélangez bien, ajoutez le sel pendant cette opération.

Tapissez la terrine avec les bardes, remplissez-la de farce et lissez le dessus. Mettez le couvercle sur la terrine. Préchauffez votre four à température moyenne. Quand il est à point, enfournez la terrine et laissez cuire 45 à 50 minutes.

Sortez la terrine du four et laissez-la refroidir à température ambiante. Conservez-la ensuite au frais jusqu'à consommation.

Pour 2 personnes

Préparation : 15 min Cuisson : 35 min environ

Les œufs cocotte à la bourguignonne

- 4 œufs
- 75 g de poitrine fumée
- 8 oignons grelots
- 1/2 verre de vin rouge
- 1 verre de bouillon de bœuf ou de bouillon instantané (1/2 tablette pour 1/2 litre d'eau)
- 1 brin de thym
- 1/2 feuille de laurier
- 1 noix de beurre
- Sel et poivre du moulin

Retirez la couenne de la poitrine fumée, puis coupez-la en dés moyens. Épluchez les oignons grelots.

Dans une cocotte, mettez le beurre à fondre à feu moyen. Quand il grésille, ajoutez les lardons et faites-les rissoler en douceur. Quand ils sont dorés, retirez-les avec une écumoire et réservez-les dans une assiette. Placez les oignons dans la cocotte, à la place des lardons, et faites-les revenir dans la graisse jusqu'à ce qu'ils deviennent transparents. Remettez alors les lardons dans la cocotte.

Mouillez avec le vin rouge en remuant bien et laissez réduire de moitié. Ajoutez le bouillon de bœuf (ou le bouillon instantané), le thym et le laurier. Couvrez et réglez le feu pour assurer un petit bouillonnement continu. Laissez mijoter 20 minutes.

Retirez le thym et le laurier. Avec une petite cuillère, dégraissez la surface de la sauce. Celle-ci doit être onctueuse. Si elle vous semble trop claire, faites-la réduire à découvert à plein feu jusqu'à ce qu'elle ait une bonne consistance. Rectifiez l'assaisonnement en sel et en poivre.

Cassez les œufs dans des ramequins et recouvrez-les de sauce en prenant soin de bien répartir les lardons et les oignons. Mettez à cuire au bain-marie pendant quelques minutes. Servez aussitôt.

ASTUCE DU CHEF

Gagnez du temps en préparant la sauce à l'avance. En revanche, ne faites cuire les œufs qu'au dernier moment.

LES PLATS

Pour 4 personnes

Préparation : 45 min Cuisson : 30 min environ

LE HADDOCK POCHÉ, BEURRE FONDU ET ÉPINARDS

- 2 filets de haddock de 300 à 350 g chacun (les choisir épais)
- Eau et lait par moitié pour immerger le poisson

Épinards

- 1 kg d'épinards en branches bien verts et non flétris
- 1 gousse d'ail
- 1 œuf de beurre + 1 noix
- Sel, poivre

Sauce

- 125 g de beurre
- Le jus d'1/2 citron
- Poivre du moulin

Commencez par équeutez soigneusement les épinards. S'ils sont jeunes et nouveaux, il suffit de couper la tige au ras de la feuille. Sinon, il faut l'enlever sur toute la longueur de la feuille en prenant à rebours. Lavez-les dans plusieurs eaux.

Faites-les cuire pendant 6 à 18 minutes dans une grande casserole d'eau bouillante salée, à découvert, pour qu'ils gardent leur belle couleur verte. À la fin de la cuisson, versez les épinards dans un tamis et passez-les sous l'eau froide. Laissez égoutter la première eau. Prenez-les ensuite par poignées et pressez-les entre vos doigts pour les égoutter. Placez-les ensuite dans un torchon pour finir de les sécher.

Remplissez une grande casserole d'eau et de lait par moitié de façon à pouvoir immerger totalement les filets de haddock. Portez à ébullition à feu moyen. Placez le poisson dans la casserole et réglez le feu de manière à ce que le liquide reste frémissant. Laissez cuire 8 à 10 minutes puis retirez les filets de haddock à l'aide d'une écumoire et égouttez-les sur un torchon.

Préparez la sauce. Conservez l'équivalent de 2 cuillerées à soupe du liquide de cuisson dans la casserole. Ajoutez le jus de citron. Faites bouillir à plein feu et ajoutez le beurre en 2 ou 3 fois, tout en remuant vivement la casserole. Le beurre doit s'épaissir et s'émulsionner avec le liquide.

Quand tout le beurre a fondu et que la sauce a une bonne consistance, retirez du feu. Donnez un tour de moulin à poivre et goûtez pour voir s'il y a assez de citron, sinon remettez-en un peu. Versez dans une saucière.

Pour finir, réchauffez les épinards. Épluchez la gousse d'ail et frottez-en le fond et les parois de la casserole. Graissez avec 1 noix de beurre et placez la casserole sur feu vif. Faites-y chauffer rapidement les épinards, en les tournant pour laisser s'évaporer l'eau qui pourrait rester. Au bout de 2 à 3 minutes, retirez la casserole du feu. Ajoutez 1 œuf de beurre ramolli, mélangez pour le faire fondre et poivrez légèrement. Servez tout de suite avec les filets et leur sauce.

ASTUCE DU CHEF

Le haddock est de l'églefin fumé. Vous pouvez le remplacer par d'autres filets de poisson fumés (de cabillaud en général). Ils sont moins onéreux et de même emploi que le haddock.

Pour 4 personnes

Préparation : 5 min Cuisson : 5 à 7 min

Les maquereaux grillés à la moutarde

- 4 beaux maquereaux de 250 g chacun
- 4 bonnes cuillerées à soupe de moutarde forte de Dijon
- 2 cuillerées à soupe de vin blanc sec
- 25 g de beurre
- Sel, poivre

Cette façon d'accommoder les maquereaux est rapide et délicieuse. Elle enlève à ce poisson tout son gras, tout en lui laissant son goût spécifique relevé par la moutarde. Les harengs frais peuvent être préparés de la même manière.

Demandez à votre poissonnier de préparer les maquereaux en « kippers », c'est-à-dire vidés, ouverts en deux, la tête et les arêtes retirées.

Allumez votre four en position « gril ». Passez les maquereaux sous l'eau. Séchez-les rapidement dans un torchon.

Mouillez le fond d'un plat allant au four avec le vin blanc. Déposez-y les poissons côte à côte, la peau en dessous.

Tartinez généreusement chaque maquereau de moutarde. Salez et poivrez. Parsemez quelques fins copeaux de beurre sur la moutarde.

Placez les maquereaux au four et faites-les griller à 10 cm du gril pendant 5 à 7 minutes. Sortez-les du four et servez-les directement dans le plat de cuisson.

Astuces du chef

- Choisissez des maquereaux frais (les ouïes doivent être rouge foncé, l'œil et la peau brillants).
- Vous pouvez aussi décorer le plat avec quelques tomates-cerises et olives.

Cecile

Pour 4 personnes

Préparation : 15 min Cuisson : 15 min environ

LES MOULES MARINIÈRE

- 3 litres de moules
- 2 verres de vin blanc sec
- 3 échalotes
- 1 bouquet de persil
- 3 gousses d'ail
- 1 gros œuf de beurre
- Poivre

Grattez et lavez soigneusement les moules. Lavez le bouquet de persil. Séchez-le bien. Mettez 3 branches entières de côté et hachez finement les feuilles du reste du bouquet pour en obtenir environ 1/2 tasse à thé.

Epluchez les gousses d'ail en les gardant entières et les échalotes en les hachant finement.

Versez le vin blanc dans un large faitout pas trop profond. Ajoutez les échalotes, les 3 branches de persil et les gousses d'ail entières. Faites bouillir pendant 5 minutes à feu vif.

Poivrez alors généreusement, ajoutez le beurre, les moules et le persil haché. Faites cuire en brassant les moules en tous sens à l'aide d'une cuillère jusqu'à ce qu'elles soient bien ouvertes.

Versez les coquillages et leur jus dans une grande soupière ou répartissez-les dans 4 assiettes creuses. Retirez les branches de persil et les gousses d'ail. Servez immédiatement.

LE SAVIEZ-VOUS ?

On dit tout et n'importe quoi sur la saisonnalité des moules. Pour vous repérer en toute sécurité, sachez que les moules sont comestibles de juillet à octobre. Les puristes choisiront de petites moules de Bouchot. Quant à nous, nous aimons bien les grosses moules espagnoles, plus colorées.

Pour 4 personnes

Préparation : 6 min Cuisson : 18 min environ

La raie au beurre noisette

- 2 ailes de raie de 500 g ou 1 aile de 1 kg de raie bouclée
- 2 cuillerées à soupe de câpres
- 3 œufs de beurre
- 1 cuillerée à soupe de vinaigre de vin
- Sel, poivre

Mettez à bouillir une grande casserole d'eau salée. Pendant ce temps, lavez le poisson en le passant sous l'eau courante pour qu'il ne soit pas visqueux.

Quand l'eau est à petite ébullition, plongez-y le poisson et laissez cuire 12 minutes en maintenant l'ébullition. Allumez votre four à basse température.

Quand la cuisson est terminée, sortez la raie de la casserole à l'aide d'une large spatule et déposez-la sur une planche recouverte d'un torchon. Avec un petit couteau pointu, retirez la peau de chaque côté du poisson et disposez les morceaux sur un plat de service. Maintenez le plat au chaud dans votre four.

Préparez la sauce. Dans une poêle sur feu moyen, faites fondre le beurre jusqu'à ce qu'il prenne une couleur noisette. Salez et poivrez.

Sortez le plat du four et versez le beurre sur le poisson. Remettez la poêle sur feu vif et jetez-y le vinaigre. Faites-le fumer quelques secondes et versez sur le poisson.

Placez les câpres dans la poêle encore chaude et faites-les chauffer quelques secondes. Parsemez-en la raie et servez immédiatement, accompagné de pommes vapeur.

Astuce du chef

Achetez une raie très fraîche et la plus épaisse possible.

Pour 4 personnes

Dessalage : 24 à 48 h **Préparation** : 30 min
Cuisson : 30 min

LA MORUE PARMENTIER

- 800 g de morue
- 800 g de pommes de terre à purée
- 2 gousses d'ail
- 1 bouquet garni (pour le court-bouillon)
- Persil
- Chapelure
- 4 cuillerées à soupe d'huile d'olive
- Sel, poivre

La morue parmentier est souvent appelée brandade… à tort, puisque la brandade ne contient pas de pommes de terre.

Préparez dans un premier temps la morue. Laissez-la dessaler pendant 24 à 48 heures dans de l'eau froide que vous renouvellerez plusieurs fois.

Une fois que la morue est dessalée, commencez le gratin. Faites cuire la morue au court-bouillon avec le bouquet garni pendant 6 à 10 minutes selon l'épaisseur. Une fois cuite, placez-la dans une grande assiette, ôtez les arêtes et émiettez-la à la fourchette.

Parallèlement, faites cuire les pommes de terre à la vapeur ou à l'eau. Quand elles sont cuites, épluchez-les et écrasez-les en purée. Pelez les gousses d'ail. Lavez, séchez et hachez le persil.

Mélangez la purée au poisson, versez l'huile d'olive, écrasez l'ail au-dessus et ajoutez le persil. Salez, poivrez et mélangez à nouveau.

Huilez un plat à gratin, garnissez-le de préparation et saupoudrez de chapelure. Allumez votre four en position « gril », placez-y le plat et laissez cuire pendant quelques minutes, jusqu'à ce que le dessus du gratin soit bien doré. Vous pouvez servir la brandade avec des croûtons aillés frits et des quartiers de citron.

Pour 4 personnes

Préparation : 7 à 10 min Cuisson : 30 min environ

LES CÔTES DE PORC CHARCUTIÈRE

- 4 côtes de porc dans le filet de 150 g chacune
- 2 oignons moyens
- 3 à 4 cornichons moyens
- 1 tasse 1/2 à thé de bouillon de poule (ou 1/3 de tablette de bouillon de volaille instantané pour 1 tasse 1/2 à thé d'eau)
- 1/4 de verre de vin blanc sec
- 1 cuillerée à café débordante de farine
- 1 œuf de beurre
- Sel, poivre

Epluchez les oignons et hachez-les très grossièrement. Si vous n'avez pas de bouillon de poule, préparez du bouillon de volaille instantané.

Dans une casserole à fond épais, faites fondre 1 noix de beurre à feu moyen. Quand elle est fondue, ajoutez les oignons hachés, couvrez et faites-les fondre en douceur sans les colorer. Quand ils sont bien tendres, saupoudrez-les de farine et laissez cuire en remuant avec une cuillère en bois jusqu'à obtention d'une coloration roux clair. Mouillez alors avec le vin blanc et le bouillon. Mélangez avec la cuillère en bois jusqu'à ce que la sauce s'épaississe légèrement. Baissez alors le feu, couvrez et laissez réduire doucement en retirant régulièrement les impuretés qui montent à la surface.

Pendant ce temps, faites fondre le reste du beurre dans une poêle à feu moyen. Quand il ne grésille plus, placez-y les côtes de porc, côte à côte, faites-les dorer et baissez le feu. Couvrez, laissez cuire sur une face pendant 4 à 5 minutes, salez, poivrez et retournez. Relevez alors le feu, faites dorer l'autre face, puis baissez à nouveau le feu, couvrez et laissez cuire 4 à 5 minutes. Salez et poivrez la face extérieure. Versez 2 cuillerées à soupe d'eau dans la poêle, et, à feu vif, grattez tous les résidus de cuisson pour obtenir un jus blond foncé un peu sirupeux.

Coupez les cornichons en très fines rondelles. Quand la sauce a réduit d'un tiers environ et que les oignons sont tout à fait confits, vérifiez l'assaisonnement en sel et en poivre et ajoutez les rondelles de cornichons.

Retirez les côtes de porc de la poêle à l'aide d'une écumoire puis placez-les dans un plat de service. Ajoutez leur jus de cuisson à la sauce, mélangez et nappez-en les côtes de porc. Servez accompagné de pommes de terre vapeur ou de purée.

Pour 4 personnes

Préparation : 10 min Cuisson : 2 h

LA BLANQUETTE DE VEAU

- 8 à 10 morceaux de veau moitié tendron, moitié épaule
- 2 oignons moyens
- 2 carottes moyennes
- 2 jaunes d'œufs
- 1 branche de thym
- 2 feuilles de laurier
- 1 verre de vin blanc
- Le jus d'1/2 citron (facultatif)
- 3 cuillerées à soupe de crème fraîche
- 1 cuillerée à soupe débordante de farine (20 g environ)
- 2 grosses noix de beurre
- Sel, poivre

Epluchez les oignons et les carottes. Coupez-les en rondelles.

Dans une cocotte, mettez le beurre à fondre à feu moyen. Quand il est fondu, ajoutez la farine et, en tournant soigneusement à l'aide d'une cuillère, laissez cuire 1 à 2 minutes jusqu'à ce que le mélange devienne jaune pâle. Mouillez alors avec le vin blanc et 2 verres d'eau. Remuez jusqu'à ébullition. La sauce doit devenir épaisse.

Posez dans cette sauce les morceaux de viande, les oignons, les carottes, le thym et le laurier. Salez, poivrez, couvrez et baissez le feu. Laissez mijoter 2 heures à petits bouillonnements. Pendant le premier 1/4 d'heure, remuez de temps en temps les morceaux de viande qui, rendant du jus, vont éclaircir la sauce. 10 minutes avant la fin de la cuisson, allumez votre four à basse température.

A la fin de la cuisson, retirez les morceaux de viande de la cocotte avec une écumoire et placez-les dans un plat de service creux. Couvrez et tenez au chaud dans le four. Transvasez la sauce dans un grand bol. Si elle est un peu liquide, faites-la bouillir auparavant quelques minutes pour la faire réduire.

Délayez les jaunes d'œufs avec la crème fraîche dans un bol. Remettez la cocotte sur feu doux. Versez-y 1 cuillerée de sauce puis délayez avec un peu du mélange jaune d'œuf-crème. Recommencez l'opération 1 ou 2 fois, puis versez le tout dans la cocotte. Remuez avec une cuillère pour faire épaissir la sauce. Elle doit bien napper la cuillère.

Retirez alors le thym et le laurier. Vérifiez l'assaisonnement et relevez éventuellement le goût avec un peu de jus de citron. Sortez le plat du four et nappez les morceaux de viande avec la sauce. Servez avec des pommes de terre vapeur ou du riz créole.

PS

Pour 4 personnes

Préparation : 20 à 25 min Cuisson : 3 h 30

LE BŒUF BOURGUIGNON

- 900 g d'aiguillette de bœuf
- 125 g de poitrine fumée
- 20 à 25 oignons grelots
- 2 gousses d'ail
- 3 verres de bouillon de bœuf ou bouillon de volaille instantané (1/2 tablette pour 1/2 litre d'eau)
- 2 verres de vin rouge
- 1 brindille de thym
- 1 feuille de laurier
- 1 cuillerée à soupe rase de farine
- 1 gros œuf de beurre
- Sel, poivre

Demandez à votre boucher de couper le bœuf en cubes d'environ 5 cm de côté. Retirez la couenne et les cartilages de la poitrine fumée et détaillez-la en lardons. Épluchez les gousses d'ail et les oignons grelots.

Dans une cocotte, faites fondre le beurre à feu moyen-vif. Quand il grésille, ajoutez les oignons et faites-les dorer rapidement de tous côtés. Retirez-les avec une écumoire et réservez-les dans un bol.

Baissez un peu le feu sous la cocotte. Placez-y les lardons, faites-les cuire et rissoler en douceur. Quand ils sont dorés, retirez-les avec une spatule et réservez-les.

Salez et poivrez légèrement les morceaux de viande et mettez-les à leur tour dans la cocotte. Relevez le feu, faites-les dorer de tous côtés, puis remettez les lardons. Saupoudrez de farine et faites-la roussir en tournant le tout avec une cuillère, dans un sens, puis dans l'autre.

Mouillez ensuite avec le vin rouge et faites bouillir à découvert pendant quelques instants. Ajoutez le bouillon de bœuf (ou le bouillon de volaille instantané) et faites reprendre une petite ébullition. Ajoutez alors le thym, le laurier et les gousses d'ail. Couvrez et réglez le feu de façon à assurer un petit bouillonnement continu pendant 3 heures.

Au bout de 2 heures 45 minutes de cuisson, ajoutez les oignons grelots dans la cocotte. Allumez le four à basse température et faites-y chauffer un plat de service creux.

A la fin de la cuisson, retirez la viande, les lardons et les oignons de la cocotte à l'aide d'une écumoire ou d'une large spatule. Placez-les dans le plat de service en retirant le thym, le laurier et les gousses d'ail.

Faites réduire la sauce, à plein feu et à découvert, jusqu'à ce qu'elle soit courte et nappe convenablement la cuillère en bois. Vérifiez l'assaisonnement et versez sur la viande. Servez immédiatement avec des pommes de terre vapeur.

ASTUCE DU CHEF

Réchauffé, il n'en sera que meilleur. Il se conserve très bien pendant 3 à 4 jours au frais dans le réfrigérateur, à condition de retirer le laurier.

Pour 4 personnes

Préparation : 5 min Cuisson : 5 à 6 min

LES MERLANS EN COLÈRE

- 4 merlans
- 1/2 litre de lait
- Un peu de farine
- Huile de friture
- Sel, poivre

Demandez à votre poissonnier de vider et de préparer les poissons.

Versez le lait dans un plat creux pouvant contenir les 4 merlans. Salez le lait et laissez-y tremper les poissons pendant quelques minutes.

Versez de la farine dans une assiette creuse. Retirez les poissons de leur marinade et égouttez-les. Roulez-les dans l'assiette de façon à ce qu'ils soient entièrement recouverts de farine.

Faites chauffer l'huile dans une bassine à frire à très haute température. L'huile doit fumer très légèrement.

Plongez les merlans dans l'huile et laissez-les frire jusqu'à ce qu'ils soient bien dorés. Récupérez-les à l'aide d'une écumoire et égouttez-les sur du papier absorbant.

Dressez les merlans sur un plat de service en les saupoudrant de sel et de poivre. Décorez avec des pluches de persil frites et entourez de quartiers de citron.

LA SUGGESTION DU CHEF

Présentez les merlans de façon traditionnelle : faites-les se mordre la queue.

Pour 4 personnes

Préparation : 20 min Cuisson : 1 h 30

L'ÉPAULE D'AGNEAU POMMES BOULANGÈRES

- 1 épaule d'agneau
- 600 g de pommes de terre
- 500 g d'oignons
- 80 g de beurre
- 30 cl de bouillon de volaille
- Sel, poivre

Cette recette remplace le traditionnel gigot du dimanche. Elle est moins chère, mais tout aussi délicieuse.

Pelez les pommes de terre et les oignons. Émincez-les en rondelles régulières. Faites chauffer 40 g de beurre dans une poêle et 25 g dans une autre. Placez les pommes de terre dans la première, les oignons dans la seconde. Faites-les revenir séparément pendant 10 minutes en remuant de temps en temps.

Beurrez un plat allant au four et remplissez-le en alternant les couches de pommes de terre et d'oignons. Salez, poivrez, puis versez doucement le bouillon jusqu'à ce qu'il affleure la dernière couche. Posez l'agneau sur les légumes. Salez et poivrez à nouveau.

Allumez votre four à 200 °C (th. 6-7), enfournez et laissez cuire pendant 30 minutes. Baissez ensuite la chaleur à 160 °C (th. 5-6) et poursuivez la cuisson pendant 1 heure. Servez très chaud, directement dans le plat.

Pour 8 personnes

Préparation : 1 h 30 environ Cuisson : 20 à 25 min

LE HACHIS PARMENTIER

- 800 g de bœuf bouilli
- 400 g de chair à saucisse
- 1 kg de pommes de terre (type bintjes)
- 4 à 5 gros oignons
- 1 bouquet de persil
- 1 verre 1/2 de lait
- 250 g de beurre
- Sel, poivre

Retirez soigneusement la peau, le gras et les parties nerveuses du bœuf. Passez-le à la moulinette et réservez-le dans un saladier. Lavez, séchez et effeuillez le persil. Hachez très finement les feuilles pour en obtenir environ 1 tasse à thé. Épluchez les oignons et hachez-les grossièrement. Épluchez les pommes de terre et placez-les dans une bassine remplie d'eau fraîche.

Dans une casserole, faites fondre 50 g de beurre à feu moyen-doux. Quand il est fondu et mousseux, baissez le feu, ajoutez les oignons et faites-les fondre en douceur, à couvert, pendant 10 minutes environ. Pendant ce temps, mettez les pommes de terre dans une casserole d'eau froide salée placée sur feu vif. Portez à ébullition et laissez cuire 30 à 35 minutes à petit bouillon.

Quand les oignons sont bien fondus, mais non colorés, ajoutez la chair à saucisse, en l'écrasant à la fourchette et en la mélangeant bien aux oignons. Faites-la cuire pendant 6 à 7 minutes. Ajoutez alors le bœuf haché, salez et poivrez. Mélangez à la chair à saucisse en incorporant, petit à petit, 100 g de beurre par morceaux gros comme des noix. Quand le mélange est homogène, ajoutez le persil. Mélangez une nouvelle fois et vérifiez l'assaisonnement.

Étalez le hachis en une couche régulière de 3 à 4 cm d'épaisseur au fond d'un plat allant au four. Allumez votre four à 200 °C (th. 6-7).

Quand les pommes de terre sont cuites, écrasez-les en purée. Intégrez le reste du beurre et le lait aux pommes de terre, la purée doit être bien beurrée. Étalez de façon régulière cette purée sur le hachis.

Mettez le plat au four et laissez cuire pendant 20 à 25 minutes. Mettez le four en position « gril » pendant les 5 dernières minutes pour dorer le dessus du plat. Servez bien chaud, accompagné d'une bonne salade verte, une frisée de préférence, assaisonnée au vinaigre de xérès.

ASTUCES DU CHEF

- La viande peut être hachée à l'avance et conservée dans une boîte hermétique pendant 24 heures, mais le plat lui-même se fait au dernier moment.
- La chair à saucisse est indispensable : elle donne du moelleux.

Pour 4 personnes

Préparation : 50 min Cuisson : 1 h 30

LES PAUPIETTES DE VEAU À L'ESTRAGON

- 6 escalopes de veau dans la noix de 125 g environ
- 130 g de jambon cru (type Bayonne)
- 1 tasse à thé de mie de pain rassis
- 2 cuillerées à café d'estragon
- 2 échalotes
- 3 cuillerées à soupe de lait
- 1 œuf entier
- 1 brindille de thym
- 1 œuf de beurre + 1 petite noix
- 1/2 verre de vin blanc sec
- Sel, poivre

Emiettez la mie de pain, placez-la dans une tasse et recouvrez-la avec le lait. Épluchez les échalotes et hachez-les finement. Lavez, séchez, effeuillez et hachez finement l'estragon. Avec un couteau bien affûté, coupez les escalopes en longues bandes de 12 cm de long et 7 cm de large environ. Réservez les débris.

Faites fondre 1 petite noix de beurre dans une poêle sur feu doux, ajoutez les échalotes, couvrez et faites cuire jusqu'à ce qu'elles soient transparentes et non colorées.

Pendant ce temps, supprimez le gras et la couenne du jambon, hachez-le finement à la moulinette ou au mixer et placez-le dans un saladier. Faites de même avec les débris des escalopes et mélangez-les au jambon. Quand les échalotes sont à point, ajoutez-les aux viandes hachées. Pressez la mie de pain entre vos doigts pour en retirer l'excédent de lait et mettez-la dans le saladier. Cassez l'œuf au-dessus, salez, poivrez et mélangez pour obtenir une farce homogène. Étalez les bandes d'escalope sur une planche, tartinez-les de farce, roulez-les sur elles-mêmes et ficelez-les.

Dans une large cocotte, mettez 1 œuf de beurre à fondre à feu moyen. Quand il grésille, faites-y doucement rissoler les paupiettes, de tous côtés, sans trop leur faire prendre de la couleur. Mouillez avec le vin blanc et 1/2 verre d'eau. Ajoutez le thym. Laissez bouillotter quelques instants, puis couvrez. Baissez le feu et laissez cuire pendant 1 heure à 1 heure 1/4, à petit bouillonnement continu. Retournez les paupiettes à mi-cuisson.

Allumez votre four à basse température 5 minutes avant la fin de la cuisson et mettez-y un plat de service à chauffer. Au terme de la cuisson, retirez les paupiettes de la cocotte à l'aide d'une large spatule, posez-les dans le plat de service et retirez les ficelles. Tenez-les au chaud dans le four.

Relevez le feu sous la cocotte, retirez la brindille de thym et faites éventuellement réduire la sauce, qui doit être courte et sirupeuse. Ajoutez alors l'estragon. Faites bouillotter quelques instants et vérifiez l'assaisonnement. Nappez les paupiettes de cette sauce et servez accompagné d'endives poêlées ou d'une purée de pommes de terre et céleri-rave.

ASTUCES DU CHEF

• Vous pouvez préparer les paupiettes à l'avance et les conserver au frais dans le réfrigérateur pendant 24 heures. Réchauffez-les doucement avant de servir.
• Demandez à votre boucher de couper des escalopes très fines et de bien les aplatir.

Pour 6 personnes

Préparation : 1 h Cuisson : 2 h à 2 h 30

LE NAVARIN D'AGNEAU

- 12 à 14 morceaux de mouton variés (collet, basses côtes, poitrine)
- 3 à 4 tomates moyennes
- 200 g de petites carottes nouvelles
- 200 g de petits navets ronds nouveaux
- 12 petites pommes de terre rondes
- 100 g de haricots verts
- 200 g de petits pois surgelés
- 12 à 20 oignons grelots
- 2 gousses d'ail
- 1 branche de thym
- 2 feuilles de laurier
- 1 litre de bouillon de bœuf dégraissé ou de bouillon de volaille instantané (1/2 tablette pour 1/2 litre d'eau)
- 1 cuillerée à soupe rase de farine
- 2 cuillerées à soupe d'huile d'arachide
- 1 œuf de beurre + 1 noix de beurre
- Sel, poivre

ASTUCE DU CHEF

Vous pouvez commencer ce plat la veille ou l'avant-veille. Gardez alors la cocotte au réfrigérateur, sans thym ni laurier. Terminez la cuisson avec les légumes juste avant de servir.

Plongez les tomates dans une casserole d'eau bouillante pendant 1 à 2 minutes. Réservez-les. Dans une grande cocotte, mettez 1 œuf de beurre et l'huile à chauffer à feu moyen. Quand le mélange grésille, ajoutez les morceaux de viande légèrement salés et poivrés et faites-les rissoler de tous côtés. Pendant ce temps, pelez les tomates et coupez-les grossièrement. Épluchez les gousses d'ail et écrasez-les.

Quand la viande est dorée, éliminez la quasi-totalité de la graisse de cuisson, saupoudrez de farine et mélangez pour la faire roussir et cuire. Mouillez avec le bouillon, ajoutez les tomates, le thym, le laurier et l'ail. Salez et poivrez. Portez à ébullition. Couvrez et réglez le feu pour assurer un petit bouillonnement continu pendant 1 heure.

Pendant ce temps, équeutez les haricots et détaillez-les en morceaux de 3 à 4 cm de long. Épluchez et hachez les oignons. Épluchez les carottes, les navets et les pommes de terre et coupez-les en morceaux de tailles à peu près égales. Tenez tous ces légumes dans une bassine d'eau fraîche.

L'heure de cuisson écoulée, transvasez les morceaux de viande dans une autre cocotte. Dégraissez la sauce de la première cocotte en passant une cuillère à la surface, retirez le thym et le laurier et versez-la sur la viande. Placez la cocotte sur feu moyen jusqu'à ébullition. Ajoutez alors les navets et les pommes de terre, couvrez, baissez le feu et laissez mijoter à petits bouillonnements pendant 1 heure à 1 heure et demie.

Dans une grande casserole d'eau bouillante salée, faites précuire les carottes pendant 10 minutes, égouttez-les et réservez. Mettez 1 noix de beurre dans une poêle et faites-y dorer rapidement les petits oignons à feu moyen. Réservez-les.

Ajoutez dans la cocotte les oignons et les haricots verts, 35 minutes avant la fin de la cuisson. 5 minutes plus tard, ajoutez les carottes et les petits pois. Arrosez régulièrement les légumes du dessus avec le jus. Allumez votre four à basse température et mettez-y un plat de service creux à chauffer.

A la fin de la cuisson, retirez morceaux de viande et légumes de la cocotte à l'aide d'une écumoire, et disposez-les dans le plat de service. Tenez au chaud dans le four, couvert de papier aluminium. Faites bouillir la sauce jusqu'à ce qu'elle soit onctueuse. Vérifiez son assaisonnement en sel et en poivre et versez-la sur la viande. Servez tout de suite.

Pour 6 personnes

Préparation : 20 à 25 min Cuisson : 3 h 30

LE POT-AU-FEU

- 800 g de macreuse ou gîte de bœuf
- 900 g de plat de côtes
- 4 ou 5 carottes
- 3 à 4 navets
- 7 à 8 poireaux
- 12 petites pommes de terre (type BF 15)
- 1 branche de céleri
- 2 oignons moyens
- 1 bouquet de persil
- 1 brindille de thym
- 2 feuilles de laurier
- 2 clous de girofle
- 2 pincées de quatre-épices en poudre
- 1 petite poignée de gros sel
- Poivre du moulin

ASTUCE DU CHEF

Le pot-au-feu est long à cuire mais a l'avantage d'être préparé à l'avance.
Dans ce cas, laissez-le dans la marmite et faites-le réchauffer quelques minutes avant de passer à table.

Avec les restes de viande du pot-au-feu, on peut constituer d'excellents plats. Il est donc préférable d'en acheter plus qu'il n'en faudrait. Avec le bouillon plus ou moins réduit, on fait des potages et une excellente base pour des sauces ou des plats mijotés.

Placez les viandes dans un haut faitout et recouvrez-les d'eau froide. Portez à ébullition sur feu moyen.

Pendant ce temps, épluchez les oignons. Coupez-en un en 2 et faites-le roussir à sec dans une poêle sur feu moyen. Réservez-le. Piquez l'autre oignon avec les clous de girofle. Lavez le céleri et le persil.

Quand l'eau bout, écumez soigneusement la surface. Ajoutez alors le céleri, les oignons, le persil, le thym, le laurier, le gros sel et le quatre-épices. Poivrez.

Réglez le feu pour assurer une petite ébullition continue en laissant le faitout à découvert. Laissez cuire pendant 3 heures et demie environ, jusqu'à ce que la viande soit tendre.

Pendant ce temps, épluchez et lavez les carottes et les navets, puis coupez-les en 2 à 4 morceaux. Épluchez les pommes de terre sans les couper. Supprimez la racine des poireaux, puis coupez-les pour ne conserver que la partie allant du vert clair au blanc. Retirez les feuilles extérieures et ficelez-les en un bottillon.

Ajoutez les carottes et les navets dans la cocotte au bout de 2 heures 45 minutes de cuisson. 10 minutes plus tard, mettez les pommes de terre à cuire à la vapeur dans une autre cocotte ou un cuit-vapeur. Comptez 15 minutes puis ajoutez le bottillon de poireaux au pot-au-feu.

Au terme de la cuisson, sortez les viandes à l'aide d'une écumoire, coupez-les en tranches épaisses et disposez-les dans un plat de service. Arrosez avec une petite louche de bouillon.

Egouttez les pommes de terre et sortez les légumes de la cocotte avec l'écumoire. Disposez l'ensemble des légumes dans un autre plat et arrosez-les également d'un peu de bouillon. Servez le tout bien chaud, avec des moutardes, des cornichons et une soucoupe de gros sel ou une sauce gribiche.

Pour 4 personnes

Préparation : 10 min Cuisson : 2 h

LE TENDRON DE VEAU À LA TOMATE

- 4 à 6 tranches épaisses de tendron de veau
- 2 à 3 tomates
- 2 à 3 oignons
- 1 grosse gousse d'ail
- 1 brin de thym
- 1 feuille de laurier
- 1 petite boîte de concentré de tomates
- 1/2 verre de vin blanc sec
- 1 cuillerée à soupe d'huile d'arachide
- 1 grosse noix de beurre
- Sel, poivre

Plongez les tomates 1 à 2 minutes dans l'eau bouillante. Retirez-les et pelez-les. Coupez-les grossièrement dans un bol. Épluchez les oignons et hachez-les finement. Épluchez la gousse d'ail. Coupez les tranches de tendron en 2.

Mettez l'huile et le beurre à chauffer dans une cocotte sur feu moyen. Quand le mélange fume légèrement, ajoutez les oignons et faites-les fondre à couvert jusqu'à ce qu'ils aient une belle couleur dorée. Retirez-les alors avec une écumoire et réservez-les dans une assiette.

Remplacez les oignons par les morceaux de tendron, faites-les revenir de tous côtés. Une fois qu'ils sont bien dorés, remettez les oignons, mouillez avec le vin blanc et ajoutez les tomates, le thym et le laurier. Écrasez la gousse d'ail au presse-ail au-dessus de la cocotte. Portez à ébullition, à découvert, et laissez bouillotter pendant quelques minutes. Salez et poivrez. Couvrez, baissez le feu et laissez mijoter pendant 2 heures.

En milieu de cuisson, ajoutez le concentré de tomates et délayez-le dans le jus. 10 minutes avant la fin de la cuisson, allumez votre four à basse température.

A la fin de la cuisson, retirez les morceaux de viande de la cocotte avec une écumoire et disposez-les dans un plat de service creux. Couvrez le plat de papier aluminium et tenez-le au chaud dans le four. Relevez le feu sous la cocotte et faites bouillir et réduire la sauce, à découvert, jusqu'à ce qu'elle ait une consistance moelleuse.

Retirez alors le thym et le laurier et nappez la viande de cette sauce. Servez avec du riz créole, des tagliatelles au beurre ou des petits légumes : carottes, courgettes, brocolis, haricots verts…

Pour 8 à 10 personnes

Préparation : 12 à 15 min Cuisson : 5 h
Marinade : 1 nuit

LA DAUBE DE BŒUF

- 2,5 kg de gîte à la noix (demandez au boucher de couper la viande en morceaux de 60 à 70 g)
- 200 g de lard frais
- 1 oignon moyen
- 4 gousses d'ail
- 1 brindille de thym
- 2 feuilles de laurier
- 1 petit morceau de zeste d'orange
- Sel, poivre

Marinade

- 2 oignons
- 2 carottes
- 1 branche de persil
- 1 bouteille de vin rouge
- 1 verre de vinaigre de vin
- 2 clous de girofle
- Sel, poivre

La veille, péparez la marinade. Épluchez les carottes et les oignons, coupez-les en rondelles. Lavez la branche de persil. Placez les morceaux de viande dans une large terrine. Ajoutez les carottes, les oignons, le persil et les clous de girofle. Salez et poivrez. Recouvrez avec le vin rouge et le vinaigre. Laissez mariner toute la nuit.

Le lendemain, retirez la viande de la terrine avec une écumoire, 1 heure avant le début de la cuisson. Épongez-la et laissez-la dans un torchon pour la faire bien sécher. Conservez la marinade.

Hachez grossièrement le lard. Épluchez l'oignon et coupez-le en rondelles. Épluchez les gousses d'ail. Placez le lard dans une cocotte sur feu moyen-doux et laissez-le frire doucement. Quand il est bien doré, éliminez les petits résidus qui n'ont pas fondu et ajoutez les rondelles d'oignon. Faites-les réduire dans la graisse jusqu'à ce qu'elles soient légèrement roussies, puis retirez-les, ainsi que le lard, avec l'écumoire. Réservez.

Relevez le feu sous la cocotte et ajoutez les morceaux de viande. Faites-les revenir à feu vif – à cause de l'humidité dont ils pourraient encore être imprégnés. Quand ils sont dorés de tous côtés, mouillez avec toute la marinade. Portez à ébullition à découvert et laissez réduire de moitié. Versez alors environ 1/2 litre d'eau chaude pour recouvrir la viande. Ajoutez les gousses d'ail, le lard, l'oignon, le thym, le laurier et le zeste d'orange. Réglez le feu très bas pour avoir un mijotage très doux. Couvrez avec le couvercle de la cocotte retourné et rempli d'eau que vous renouvellerez régulièrement. Laissez cuire ainsi 5 heures.

Placez le tout dans un large plat creux et retirez le thym et le laurier. La viande doit être tendre au point de se couper à la fourchette, la sauce, onctueuse sans être épaisse, parfumée sans agressivité. Servez accompagné de gros macaronis coudés ou de tagliatelles au beurre.

ASTUCES DU CHEF

- Ce plat peut se faire en deux temps : commencez-le la veille, arrêtez à mi-cuisson et poursuivez le lendemain. Décomptez le temps de cuisson à partir du moment où l'ébullition reprend.
- Il se conserve 3 à 4 jours au réfrigérateur après avoir enlevé le laurier. On le réchauffe doucement en remettant un peu d'eau pour faciliter l'homogénéisation de la sauce.

Pour 4 personnes

Préparation : 10 à 12 min Cuisson : 45 à 50 min

LE BOUDIN, POMMES PURÉE

- 4 morceaux de boudin de 12 à 15 cm de long
- 1 noix de beurre

Purée

- 800 g de pommes de terre (type bintjes)
- 1 verre 1/2 de lait
- 125 g de beurre
- Sel, poivre

Commencez par préparer la purée. Épluchez et lavez les pommes de terre, coupez-les en 3 ou 4 morceaux. Placez-les dans une casserole d'eau froide, salez et portez à ébullition. Faites bouillir à petit feu pendant 30 à 35 minutes.

Un peu avant la fin de la cuisson des pommes de terre, piquez les boudins avec une épingle. Dans une poêle, à feu moyen, faites fondre le beurre. Quand il a blondi, ajoutez les boudins, côte à côte, et faites-les cuire à feu vif d'abord, puis à feu moyen, pendant 15 minutes environ.

Quand les pommes de terre sont bien cuites, mais non défaites, placez-les dans le moulin à légumes. Laissez s'égoutter l'eau, puis passez la purée directement au-dessus de la casserole. Placez sur feu doux et travaillez la purée à la cuillère en incorporant le beurre, morceau par morceau, et en alternant avec un peu de lait froid ou chaud. Ne travaillez pas trop la purée, elle « corderait ».

Quand la purée est lisse et onctueuse, poivrez-la légèrement, vérifiez l'assaisonnement en sel, puis transvasez-la dans un plat de service. Une fois qu'ils sont bien cuits, disposez les boudins autour de la purée et servez immédiatement.

ASTUCE DU CHEF

Si vous terminez la cuisson de la purée avant celle des boudins, placez la casserole sur feu doux pour maintenir la chaleur sans la faire bouillir.

Chez Adrienne

Pour 4 personnes

Préparation : 15 min Cuisson : 20 à 25 min

Les andouillettes au vin blanc, macaronis au gratin

- 4 andouillettes de 12 à 15 cm de long
- 1/2 verre de vin blanc
- 2 cuillerées à soupe de crème fraîche
- 1 noix de beurre
- Poivre

Macaronis au gratin

- 1 paquet de macaronis longs de 250 g
- 25 cl de crème fraîche
- 150 g de gruyère
- 1 noix de beurre
- Noix de muscade
- Sel, poivre

Mettez une grande casserole d'eau salée à bouillir. Piquez les andouillettes avec une épingle. Faites fondre le beurre dans une poêle sur feu doux. Quand il est fondu, ajoutez les andouillettes, côte à côte, et faites-les dorer de tous les côtés.

Ajoutez alors le vin blanc, faites-le réduire à plein feu, puis versez la crème fraîche. Mélangez-la rapidement avec le vin blanc et les sucs de cuisson. Laissez bouillonner quelques instants puis baissez le feu. Couvrez et laissez mijoter à feu très doux pendant 15 minutes environ, en retournant les andouillettes 1 ou 2 fois.

Pendant ce temps, jetez les macaronis en pluie dans l'eau bouillante salée et brassez avec une fourchette jusqu'à reprise de l'ébullition. Laissez cuire à gros bouillons pendant 3 à 4 minutes de moins que l'indication du paquet (5 minutes environ).

Pendant que les macaronis cuisent, râpez le fromage et réservez-le dans un bol. Versez la crème fraîche dans une autre casserole et chauffez-la à feu moyen.

Dès que les macaronis sont cuits mais fermes, égouttez-les dans une passoire et secouez vivement pour que toute l'eau s'écoule. Allumez alors votre four en position « gril ». Ajoutez les macaronis à la crème et laissez mijoter pour qu'ils absorbent la crème en terminant leur cuisson. Vérifiez l'assaisonnement en sel, poivrez et râpez une pointe de noix de muscade au-dessus de la poêle. Ajoutez les 2/3 du fromage râpé et laissez-le fondre en mélangeant bien.

Versez le tout dans un plat allant au four et parsemez de fins copeaux de beurre et du reste du fromage râpé. Enfournez le plat à mi-hauteur sous le gril et laissez gratiner jusqu'à ce que le dessus du gratin soit bien doré.

Quand les andouillettes sont cuites, poivrez-les, placez-les dans un plat de service et nappez-les de sauce. Une fois qu'il est bien doré, sortez le gratin du four et servez-le avec les andouillettes, directement dans son plat de cuisson.

Pour 4 personnes

Préparation : 5 à 6 min Cuisson : 1 h 30
Dessalage : 2 h

LE PETIT SALÉ AUX LENTILLES

- 1 morceau de pointe de filet de porc demi-sel de 500 g
- 1 morceau de poitrine de porc demi-sel de 500 g
- 300 g de lentilles
- 2 oignons moyens
- 2 gousses d'ail
- 1 brindille de thym
- 2 feuilles de laurier
- 1 œuf de beurre
- Poivre

Placez les viandes dans une passoire, à l'intérieur d'une casserole, et laissez-les dessaler pendant 2 heures en les faisant tremper et en laissant couler dessus un filet d'eau froide continu. Lavez les lentilles à l'eau courante, puis faites-les tremper pendant 2 heures dans de l'eau froide.

Au bout de ce temps, égouttez les viandes et les lentilles et déposez-les dans une grande marmite. Recouvrez largement d'eau froide et portez lentement à ébullition à feu moyen-doux, en retirant régulièrement l'écume qui monte à la surface.

Epluchez les oignons et coupez-les en rondelles. Épluchez les gousses d'ail. Quand l'eau bout, réglez le feu pour assurer une petite ébullition régulière et continue. Retirez une dernière fois l'écume qui monte à la surface. Ajoutez l'ail, les oignons, le thym et le laurier, poivrez. Couvrez et laissez cuire pendant 1 heure et demie.

Au terme de la cuisson, retirez les morceaux de viande à l'aide d'une large spatule et posez-les sur une planche à découper. Coupez chaque morceau en 4.

Retirez le thym et le laurier de la marmite, videz la quasi-totalité du jus (qui, dégraissé, peut par la suite être utilisé pour un potage avec le reste des lentilles), mais laissez l'ail et les rondelles d'oignons. Ajoutez le beurre et faites-le fondre rapidement en donnant un mouvement circulaire à la marmite.

Versez les légumes dans un large plat creux. Posez les morceaux de viande dans les lentilles, et servez bien chaud.

ASTUCES DU CHEF

- Il se conserve pendant 2 ou 3 jours au réfrigérateur.
- Aussi bon chaud que froid !

Pour 6 à 8 personnes

Préparation : 1 h 30 Cuisson : 3 h 40

LE CHOU FARCI

- 1 beau chou pommé d'1 bon kg
- 2 grandes bardes de lard
- 1/2 litre de bouillon
- 1 oignon
- 1 carotte

Farce

- 150 g de bœuf bouilli
- 150 g de chair à saucisse
- 2 cuillerées à soupe de persil
- 1 gousse d'ail
- 1 échalote
- 1 dl de vin blanc
- 1 pincée de quatre-épices
- Sel, poivre

La veille, coupez la tige du chou à ras, supprimez les feuilles trop dures. Avec un petit couteau pointu, tournez autour de la tige pour retirer une partie du trognon sans détacher les feuilles. Placez le chou dans une grande cocotte et recouvrez-le d'eau froide de façon à l'immerger. Couvrez et portez lentement à ébullition à feu moyen-doux. Quand l'eau bout, retirez le chou et mettez-le, la tête en bas, dans une passoire.

Préparez la farce. Passez le bœuf au mixer et versez-le dans un saladier. Hachez finement le persil et l'échalote et ajoutez-les au bœuf. Épluchez la gousse d'ail et écrasez-la au-dessus du saladier. Ajoutez la chair à saucisse, le vin blanc, du sel, du poivre et le quatre-épices. À l'aide d'une fourchette ou de vos doigts, malaxez bien pour obtenir une farce homogène.

Sur une grande planche, disposez en étoile 6 bouts de ficelle à rôtir de 50 cm. Étalez une des bardes au centre. Posez-y le chou côté trognon. Ouvrez-le délicatement, en écartant ses feuilles, jusqu'au cœur dont les feuilles sont trop petites pour être rabattues. Avec le petit couteau pointu, faites une incision autour du cœur, détachez-le et réservez-le. Supprimez les parties dures restantes du trognon. Mettez de la farce dans la cavité et fermez avec le cœur. Étalez de la farce entre les feuilles, en les rabattant petit à petit pour redonner au chou sa forme initiale. Au terme de l'opération, posez sur le chou l'autre barde. Relevez la barde du dessous à l'aide des ficelles que vous nouerez un peu serré sur le chou de façon à avoir un ballot régulier. Laissez le chou au frais jusqu'au lendemain.

Le jour même, placez le chou dans une marmite. Épluchez et coupez en rondelles l'oignon et la carotte, puis ajoutez-les. Posez la marmite sur feu modéré, couvrez et faites cuire pendant 10 minutes. La carotte et l'oignon doivent être légèrement colorés. Mouillez alors avec le bouillon (il doit arriver aux 2/3 du chou), portez à ébullition puis couvrez hermétiquement. Laissez cuire 3 heures à 3 heures et demie en maintenant une petite ébullition régulière.

Sortez le chou de la marmite à l'aide d'une écumoire et posez-le dans une passoire. Retirez les ficelles et les bardes. Disposez-le dans un plat creux et mettez-le dans le four tiède. Passez le jus à travers une passoire fine au-dessus d'une casserole, dégraissez-le et faites-le bouillir à feu vif pour qu'il n'en reste que l'équivalent de 2 verres à moutarde. Vérifiez l'assaisonnement en sel et poivre. Versez ensuite ce jus tout autour du chou dans le plat de service et servez bien chaud.

Pour 4 personnes

Préparation : 30 à 35 min Cuisson : 1 h à 1 h 30

LE FOIE DE VEAU MEUNIÈRE, GRATIN DAUPHINOIS

- 4 tranches de foie de veau (coupées dans le milieu du foie, d'environ un petit doigt d'épaisseur)
- 2 cuillerées à café de persil
- 1/2 citron
- 2 grosses noix de beurre
- Sel, poivre

Gratin dauphinois

- 800 g de pommes de terre à chair ferme (type BF 15 ou roseval)
- 1 gousse d'ail
- 3 verres à moutarde de crème légère liquide
- 1 pointe de couteau de noix de muscade
- 1 œuf de beurre
- Sel, poivre

Allumez votre four à température moyenne-douce. Épluchez et lavez les pommes de terre. Coupez-les en rondelles de 3 mm d'épaisseur environ et épongez-les soigneusement dans un torchon.

Epluchez la gousse d'ail et frottez-en les parois et le fond d'un plat allant au four. Choisissez un plat qui ne soit pas trop profond, pour qu'il n'y ait pas une trop grande superposition de couches de pommes de terre. Beurrez le plat assez grassement.

Disposez une première couche de pommes de terre. Salez, poivrez et râpez un peu de noix de muscade. Recommencez l'opération jusqu'à ce qu'il n'y ait plus de pommes de terre.

Versez la crème liquide sur les pommes de terre de façon à ce qu'elle affleure la surface du gratin, tout en ayant bien pénétré jusqu'au fond du plat. Parsemez de petites noisettes de beurre et mettez au four. Laissez 1 heure à 1 heure et demie.

Quand la cuisson du gratin touche à sa fin, lavez, séchez et effeuillez le persil. Hachez-le finement. Salez et poivrez les tranches de foie.

Dans une poêle sur feu moyen, faites fondre 1 noix de beurre. Quand il grésille, posez les tranches de foie côte à côte. Faites-les cuire doucement, 2 ou 3 minutes de chaque côté, de manière à ce que le foie soit rosé à l'intérieur et doré à l'extérieur. Prolongez la cuisson si vous l'aimez bien cuit. Quand elles sont cuites, retirez les tranches de foie à l'aide d'une spatule et posez-les sur un plat de service.

Pressez le 1/2 citron au-dessus de la poêle et retirez les résidus de cuisson du foie. Ajoutez 1 noix de beurre et faites-le mousser rapidement en remuant la poêle. Versez ce petit jus sur les tranches de foie. Saupoudrez de persil et servez sans attendre, avec le gratin dauphinois.

Daniel

Pour 4 personnes

Préparation : 15 min Cuisson : 40 à 45 min

Le confit de canard, pommes sautées

- 4 morceaux de confit de canard en bocal avec leur graisse
- 800 g de pommes de terre à chair ferme (type BF 15 ou roseval)
- Sel, poivre

C'est une conserve qui se fait beaucoup dans les provinces du Sud-Ouest. On trouve du confit de qualité en ville, dans les maisons de spécialités régionales. Il se mange chaud ou froid, mais, pour qu'il soit moelleux et agréable, le mode d'emploi est toujours le même.

Faites cuire les pommes de terre à la vapeur dans leur peau pendant 30 à 35 minutes. Quand elles sont cuites, laissez-les bien refroidir, puis épluchez-les et coupez-les en rondelles d'1/2 cm d'épaisseur environ.

Sortez les morceaux de confit du bocal. Débarrassez-les de la plus grande partie de leur graisse et placez-les dans une poêle sur feu doux. Faites fondre la graisse restante en retournant le canard sur tous les côtés, puis versez-la dans un bol.

Une fois la graisse transvasée, levez le feu sous la poêle et faites dorer les morceaux de confit côté peau, puis côté chair.

Pendant ce temps, versez la graisse de canard dans une grande poêle sur feu moyen-doux. Quand elle crépite, disposez les rondelles de pommes de terre dans la poêle, en évitant de trop les faire se chevaucher.

Faites-les dorer doucement d'un côté, salez, poivrez, puis retournez-les de l'autre côté, à l'aide d'une spatule, sans les casser. Faites-les dorer de même, puis salez et poivrez de nouveau. Placez-les dans le plat de service en évitant de verser l'excédent de graisse de cuisson.

Quand le confit est chaud et doré et que la peau est légèrement craquante, dressez-le sur un autre plat de service. Servez immédiatement avec les pommes de terre.

Pour 4 personnes

Préparation : 40 min Cuisson : 50 min environ

LES TOMATES FARCIES

- 4 grosses tomates
- 150 g de chair à saucisse
- 2 tranches de jambon de Paris
- 1 jaune d'œuf
- 2 oignons moyens
- 3 cuillerées à soupe de persil
- 100 g de beurre
- Sel, poivre

Coupez le chapeau des tomates côté tige. Avec un petit couteau, enlevez les graines et l'eau de végétation de chaque alvéole. Évidez ensuite les tomates avec une petite cuillère. Hachez la pulpe et réservez-la sur une assiette. Retirez ce qui pourrait encore rester d'eau et de graines. Salez légèrement le fond des tomates et retournez-les sur une planche à découper. Mettez la chair à saucisse dans une jatte. Épluchez les oignons et hachez-les finement.

Mettez 1 grosse noix de beurre à fondre dans une poêle sur feu doux. Ajoutez les oignons et faites-les cuire en les retournant de temps en temps jusqu'à ce qu'ils deviennent transparents, sans dorer.

Pendant ce temps, lavez le persil, séchez-le, supprimez les tiges et hachez les feuilles. Ajoutez-le à la chair à saucisse. Retirez les oignons de la poêle et placez-les également dans la jatte.

Dans la même poêle, remettez 1 petite noix de beurre, faites-la fondre à feu doux puis ajoutez-y la pulpe des tomates. Laissez réduire jusqu'à ce qu'il n'y ait plus d'eau.

Pendant ce temps, hachez finement le jambon et mettez-le à son tour dans la jatte. Dès que la pulpe des tomates a suffisamment fondu, ajoutez-la également à la farce. Allumez votre four à haute température. Mélangez bien la farce, salez et poivrez-la. Finissez de la lier avec 1 jaune d'œuf, en la travaillant à la main pour que le mélange soit homogène.

Remplissez chaque tomate de farce et recouvrez chacune de son chapeau. Placez-les côte à côte dans un plat allant au four. Dans une petite casserole, faites fondre doucement 1 gros œuf de beurre puis nappez-en les tomates.

Enfournez et laissez cuire pendant 35 minutes en arrosant de temps en temps avec le jus de cuisson. Quand les tomates sont cuites, retirez-les du plat avec une écumoire et disposez-les délicatement dans un plat de service.

Versez le jus de cuisson resté dans le plat dans une petite casserole. Faites-le bouillir à plein feu pendant 2 à 3 minutes, jusqu'à ce qu'il réduise, devienne sirupeux et prenne une couleur plus foncée. Quand il a atteint une bonne consistance, versez-le sur les tomates. Servez.

ASTUCES DU CHEF

- Vous pouvez farcir les tomates à l'avance, mais ne les faites cuire qu'au dernier moment.
- Pour celles attentives à leur ligne, remplacer la chair à saucisse et le jambon par 150g de steak haché, c'est tout aussi délicieux !

MADE IN
FRANCE

Pour 4 personnes

Préparation : 20 à 25 min Cuisson : 35 à 40 min

Les « Toulouse » aux pommes de terre au lard

- 4 saucisses de Toulouse
- 800 g de pommes de terre à chair ferme (type BF 15 ou roseval)
- 125 g de poitrine fumée
- 2 oignons moyens
- 1/4 de litre de bouillon de bœuf ou de bouillon de volaille instantané (1/4 de tablette pour 1/4 de litre d'eau)
- 1 cuillerée à soupe rase de farine
- 1 grosse noix de beurre + 1 noix
- Poivre

Piquez les saucisses avec une épingle, puis préparez les pommes de terre au lard.

Epluchez les pommes de terre et coupez-les en rondelles de 1,5 cm d'épaisseur environ. Lavez-les et séchez-les. Retirez la couenne et les cartilages de la poitrine fumée puis coupez-la en petits dés de 1,5 cm de côté. Épluchez les oignons et hachez-les finement. Si vous n'avez pas de bouillon de bœuf, préparez le bouillon instantané.

Mettez 1 grosse noix de beurre à fondre dans une cocotte sur feu moyen. Quand il est fondu, ajoutez les lardons et faites-les cuire en les tournant dans tous les sens pendant 5 à 6 minutes. Quand ils sont très légèrement dorés, retirez-les avec une écumoire et réservez-les dans une assiette. Baissez le feu sous la poêle et remplacez les lardons par les oignons. Couvrez et faites cuire très doucement pendant environ 10 minutes.

Quand ils sont tendres et transparents, mais pas encore colorés, ajoutez les lardons et saupoudrez avec la farine. Relevez un peu le feu et faites cuire en remuant avec une cuillère jusqu'à ce que l'ensemble ait pris une belle couleur rousse. Mouillez alors avec le bouillon et faites chauffer jusqu'à épaississement, sans cesser de remuer.

Baissez alors le feu, ajoutez les pommes de terre et poivrez. Portez à petite ébullition puis couvrez. Laissez mijoter à petits bouillonnements pendant 35 à 40 minutes.

Au bout de 20 minutes de cuisson, commencez à faire cuire les saucisses. Mettez 1 noix de beurre à fondre dans une poêle sur feu moyen-doux. Quand il est fondu, ajoutez les saucisses et faites-les cuire et dorer lentement sur toutes les faces pendant environ 20 minutes.

Quand les pommes de terre sont bien tendres, retirez-les de la cocotte et dressez-les dans un large plat de service un peu creux. Une fois qu'elles sont dorées, placez les saucisses au-dessus ou autour des pommes de terre.

Pour 2 personnes

Préparation : 25 min Cuisson : 40 min environ

LA CÔTE DE BŒUF, FRITES

- 1 côte de bœuf d'environ 1 kg
- 2 échalotes
- 50 g de beurre
- Sel

Frites

- 400 à 500 g de pommes de terre de taille moyenne, dures, saines et non germées
- 2,5 à 3 litres d'huile d'arachide
- Sel

POUR DES FRITES RÉUSSIES...

• Évitez au printemps les pommes de terre nouvelles, elles contiennent trop d'eau et ne donnent pas de bons résultats.
• Utilisez une bonne huile d'arachide. N'employez pas plus de 4 ou 5 fois le même bain de friture et n'oubliez pas de rajouter de l'huile neuve pour avoir toujours le même volume. Les frites seront meilleures dans une huile assez souvent renouvelée.
• Après chaque utilisation, filtrez bien le bain de friture pour retirer tous les petits débris frits qui restent au fond de la bassine et brûlent la fois suivante, donnant immanquablement un mauvais goût aux frites.

Demandez à votre boucher de vous détailler la viande sur une bête ayant au moins 21 jours de rassis sur carcasse et bien persillée. Si vous ne la consommez pas tout de suite, entreposez la côte au réfrigérateur, mais sortez-la 30 minutes avant de la cuire, car elle doit être à température ambiante.

Allumez votre four à 270-280 °C (th. 9-10). Faites chauffer une poêle pouvant aller au four sur feu vif. Lorsqu'elle est bien chaude, nappez-la de sel. Quand le sel crépite, posez la viande dans la poêle et enfournez sans ajouter de matière grasse : c'est le gras de la viande qui sert de graisse de cuisson. Laissez cuire 20 minutes en retournant la côte à mi-cuisson, pour une cuisson bleue. Prolongez la cuisson de quelques minutes de chaque côté si vous aimez votre viande saignante. Une fois cuite à votre goût, arrêtez le four et laissez-y la reposer pendant encore 15 minutes.

Pendant ce temps, épluchez et hachez les échalotes finement. Mélangez-les avec le beurre et réservez au frais. Versez l'huile dans une grande cocotte et placez-la sur feu vif. Épluchez et lavez les pommes de terre à grande eau. Essuyez-les bien dans un torchon puis taillez-les en frites.

Quand l'huile est modérément chaude (150 °C), plongez-y les pommes de terre, placées dans un panier de friture. Quand l'huile bouillonne autour des frites et qu'elles remontent en surface, sortez le panier de l'huile, sans couper le feu sous la cocotte, et laissez refroidir les pommes de terre.

Quand l'huile fume très légèrement et répand son odeur caractéristique, replongez-y les frites dans leur panier. Laissez-les frire quelques instants. Quand elles sont bien dorées et croustillantes, posez les frites sur du papier absorbant pour enlever l'excédent de gras et saupoudrez-les de sel.

Quand la cuisson de la viande arrive à son terme, posez une grosse noix du mélange beurre-échalotes sur une grande assiette. Sortez la viande du four et retirez-en l'os. Posez-la sur le beurre aux échalotes et servez avec les frites.

LES DESSERTS

LILLET
Les Desserts

Pour 4 à 6 personnes

Préparation : 20 à 25 min Cuisson : 40 à 45 min

LE CLAFOUTIS AUX CERISES

- 800 g de cerises noires
- 180 g de farine
- 90 g de sucre en poudre
- 4 œufs entiers
- 1/3 de litre de lait
- 1 verre à moutarde de crème fraîche
- Sucre cristallisé
- 90 g de beurre
- Sel

Allumez votre four à température moyenne-douce. Beurrez un moule allant au four. Placez le reste du beurre dans une poêle sur feu doux, laissez-le fondre en douceur puis réservez-le dans un bol.

Lavez et équeutez les cerises. Disposez-les dans le moule en évitant de les faire se chevaucher.

Dans un saladier, versez la farine, le sucre et 1 pincée de sel. Mélangez intimement.

Quand le mélange est homogène, incorporez les œufs entiers, un par un. Ajoutez le beurre fondu. Mélangez bien le tout puis versez, petit à petit, le lait et la crème.

Quand la pâte est parfaitement lisse et un peu fluide, versez-la sur les cerises, tout doucement pour ne pas les déranger.

Mettez le plat au four et laissez cuire pendant 40 à 45 minutes. Sortez ensuite le clafoutis du four et laissez-le reposer quelques minutes. Servez tiède, saupoudré de sucre cristallisé.

Pour 6 personnes

Préparation : 15 min Cuisson : 20 à 25 min
Infusion : 15 min

LA CRÈME CARAMEL

- 1 litre de lait
- 6 œufs
- 4 cuillerées à soupe bombées de sucre en poudre
- 1 gousse de vanille

Caramel

- 20 à 22 morceaux de sucre n° 4
- 1/2 citron

Fendez la gousse de vanille en 2 dans le sens de la longueur. Versez le lait dans une grande casserole, ajoutez le sucre en poudre et la gousse de vanille. Mélangez, portez à ébullition et laissez infuser hors du feu pendant 15 minutes.

Cassez les œufs dans un grand saladier et battez-les à la fourchette. Ajoutez lentement le lait refroidi tout en fouettant et sans retirer la gousse de vanille, qui continue ainsi à parfumer le mélange. Allumez votre four à température moyenne.

Préparez le caramel dans un moule à charlotte. Mettez-y les morceaux de sucre et humectez-les convenablement d'eau, mais sans excès (2 cuillerées à soupe environ). Posez le moule sur feu moyen et faites fondre le sucre en remuant sans cesse avec une spatule, mais en évitant de déposer du sucre sur les parois du moule. Quand il est fondu, ajoutez 5 à 6 gouttes de jus de citron. Le sucre va alors passer par différents stades.

Quand la coloration commence, remuez régulièrement le moule en lui donnant un mouvement circulaire pour que le caramel se répartisse de façon égale. Quand le caramel atteint une belle couleur rousse, retirez le moule du feu et, en le tenant par les 2 oreilles, enrobez les parois d'une couche régulière de caramel en l'inclinant de tous les côtés. Vous devez réaliser cette opération rapidement car, en refroidissant, le caramel s'épaissit et nappe plus difficilement.

Remplissez le moule caramélisé avec le mélange lait-œufs en le passant à travers un chinois. Enfournez le moule à mi-hauteur et laissez cuire 20 à 25 minutes. Testez la cuisson de la crème en plongeant une aiguille à tricoter en son centre : si cette dernière ressort lisse et propre, la crème est cuite.

Sortez alors la crème caramel du four. Laissez-la refroidir à température ambiante, puis placez-la au réfrigérateur.

Démoulez avant de servir. Trempez le fond du moule 1 minute dans l'eau très chaude, puis passez une spatule souple entre la crème et les parois du moule. Coiffez celui-ci avec un plat de service et retournez-le d'un mouvement vif et précis. Posez sur une table, tapotez le fond du moule et retirez-le lentement. Servez avec des petits fours secs.

ASTUCES DU CHEF

• Préparez ce dessert la veille pour le lendemain, il n'en sera que meilleur. Laissez-le alors refroidir à température ambiante puis mettez-le au frais, non démoulé, 1 heure avant de le servir.
• Vous pouvez aussi préparer des petites crèmes individuelles. Faites alors le caramel dans une casserole et nappez-en, quand il est encore bien liquide, le fond de ramequins allant au four. Répartissez la crème dans les ramequins et enfournez.

Pour 6 personnes

Préparation : 50 min Cuisson : 45 min
Infusion : 15 min

LE GÂTEAU DE RIZ À LA SAUCE DE GELÉE DE GROSEILLE

- 125 g de riz rond
- 1/2 litre de lait
- 4 jaunes d'œufs
- 60 g de sucre en poudre
- 1 gousse de vanille
- 30 g de beurre

Caramel

- 10 morceaux de sucre

Sauce de gelée de groseille

- 1/2 pot de gelée de groseille

Fendez la gousse de vanille en 2 dans le sens de la longueur. Versez le lait dans une grande casserole, ajoutez le sucre en poudre et la gousse de vanille. Mélangez, faites bouillir, coupez le feu et laissez infuser pendant 15 minutes.

Retirez ensuite la vanille et replacez la casserole sur le feu. Ajoutez le riz puis portez à ébullition. Laissez cuire environ 20 minutes. Sortez le beurre du réfrigérateur.

Quand le lait est absorbé, versez le riz dans un saladier. Incorporez-y le beurre, ramolli, petit à petit. Ajoutez les jaunes d'œufs et mélangez délicatement. Allumez votre four à température moyenne.

Préparez le caramel. Mettez les morceaux de sucre dans une casserole et humectez-les avec 2 cuillerées à soupe d'eau. Posez la casserole sur feu moyen et faites fondre le sucre en remuant sans cesse avec une spatule. Quand le caramel atteint une belle couleur rousse et est encore bien liquide, versez-le dans le moule. Inclinez immédiatement le moule de tous les côtés de façon à ce que le fond soit entièrement nappé d'une couche égale de caramel. Remplissez le moule caramélisé de riz jusqu'à 2 cm du bord.

Mettez le moule dans une marmite à couvercle et remplissez-la d'eau bouillante jusqu'à 2 cm du haut du moule. Couvrez et mettez au four pendant 45 minutes, en veillant à ce que l'eau du bain-marie reste frémissante. 10 minutes avant la fin de la cuisson, retirez le couvercle pour que le dessus du gâteau se dessèche.

Au terme de la cuisson, retirez le gâteau de riz du four et du bain-marie. Laissez-le refroidir dans son moule, à température ambiante, pour qu'il se tasse.

Préparez la sauce au dernier moment. Mettez à chauffer la gelée de groseille dans une casserole sur feu doux. Délayez-la avec de l'eau pour obtenir un coulis fluide. Laissez tiédir. Démoulez le gâteau sur un plat de service. Versez la sauce dans une saucière et servez-la encore tiède, en accompagnement du gâteau.

ASTUCE DU CHEF

Vous pouvez aussi présenter le gâteau de riz en tranches, entourées de coulis de groseilles sur des assiettes individuelles ou y ajouter 200 g de raisins secs marinés dans du rhum.

Pour 6 personnes

Préparation : 15 à 20 min **Cuisson :** 25 min environ

LES POMMES BONNE FEMME

- 6 belles pommes reinettes ou goldens de taille égale
- 6 cuillerées à café de sucre en poudre
- 7 petites noix de beurre

Allumez votre four à température moyenne-chaude. Évidez les pommes côté tige, sans les peler, à l'aide d'un vide-pomme – petit instrument qui facilite grandement l'opération.

A l'aide d'un petit couteau pointu, faites une légère incision tout autour des pommes, comme pour les couper en 2, en entaillant la peau sans toucher la chair.

Graissez avec 1 noix de beurre le fond d'un plat allant au four et de justes dimensions pour les 6 pommes.

Remplissez chaque fruit d'1 cuillerée à café de sucre en poudre et coiffez-les d'1 noix de beurre en appuyant légèrement.

Alignez les pommes dans le plat en laissant un petit intervalle entre elles. Arrosez avec 3 cuillerées à soupe d'eau.

Mettez les pommes au four et laissez-les cuire pendant 25 minutes environ en les arrosant à nouveau d'eau 2 ou 3 fois en cours de cuisson.

Au terme de la cuisson, retirez le plat du four. La chair des pommes doit être tendre et avoir gonflé et la peau doit être restée intacte, s'étant soulevée comme une calotte au niveau de l'incision. Servez chaud directement dans le plat de cuisson.

Pour 6 personnes

Préparation : 30 min Cuisson : 45 à 50 min

LES ŒUFS À LA NEIGE

- 6 blancs d'œufs
- 175 g de sucre semoule

Crème anglaise

- 1 litre de lait
- 6 cuillerées à soupe rases de sucre semoule
- 7 jaunes d'œufs
- 1 gousse de vanille
- 1 cuillerée à soupe de kirsch (facultatif)

Préparez la crème anglaise à la vanille. Séparez les blancs des jaunes des œufs en réservant les blancs, sauf 1 que vous jetez. Fendez la gousse de vanille en 2 dans le sens de la longueur. Mettez le lait à bouillir avec la gousse de vanille et le sucre. Pendant ce temps, battez les jaunes d'œufs à la fourchette dans un grand saladier. Quand il a bouilli, versez le lait sur les jaunes, petit à petit, en délayant avec une cuillère.

Remettez le tout dans la casserole et faites cuire à feu doux, pendant 10 à 15 minutes, en tournant sans cesse. La crème ne doit surtout pas bouillir, car elle se désagrégerait. Il faut donc arrêter la cuisson juste avant l'ébullition. La crème est prête quand elle commence à s'épaissir et à bien napper la cuillère.

Quand elle atteint une bonne consistance, versez la crème dans une terrine en la passant à travers un chinois. Ajoutez alors éventuellement le kirsch et fouettez doucement la crème pendant 10 à 15 minutes pour la rendre plus légère. Placez-la ensuite au réfrigérateur jusqu'à l'emploi.

Faites les œufs en neige. Dans une grande sauteuse, ou une casserole à bord bas, faites chauffer 2 litres d'eau jusqu'à frémissement. Versez les blancs d'œufs dans un saladier et montez-les en neige à l'aide d'un fouet électrique. Quand ils sont fermes, ajoutez le sucre en pluie et incorporez-le doucement à l'aide d'une spatule en bois, en coupant la masse des œufs et en les ramenant du dessous sur le dessus.

Étalez une feuille de papier sulfurisé sur une grande planche et humidifiez-la avec un peu d'eau. À l'aide d'une grande cuillère à sauce, prenez un petit tas de blancs en neige et déposez-le sur le papier, en lui donnant la forme d'un dôme ovale. Continuez ainsi jusqu'à épuisement des blancs.

Attrapez les dômes par le dessous, à l'aide d'une spatule, et plongez-les un par un dans l'eau frémissante, en les retournant pour que le haut des dômes soit immergé. N'en mettez pas trop à la fois, pour éviter qu'ils se touchent. Toujours sans laisser bouillir l'eau, pochez-les 5 minutes, puis retournez-les et laissez-les pocher encore 2 minutes.

Étalez un grand torchon sur une surface plane. À l'aide d'une écumoire, retirez les œufs à la neige et posez-les sur le torchon. Transvasez la crème anglaise dans une jatte de service et déposez-y les œufs à la neige avec précaution.

ASTUCES DU CHEF

- Préparez la crème anglaise à l'avance, car elle doit être bien froide. Les œufs à la neige se font juste avant le repas.
- Comme sur la photo, vous pouvez arroser les œufs à la neige d'un filet de caramel et les saupoudrer de pralin haché.

Pour 6 personnes

Préparation : 1 h Cuisson : 25 à 30 min

LA TARTE AUX POMMES

- 1 rouleau de pâte brisée prête à l'emploi, « pur beurre » bien sûr
- 7 à 8 pommes reinettes ou Canada
- 4 cuillerées à soupe bombées de sucre en poudre

Il est d'usage de servir des tartes dans les bistrots. Elles varient selon les saisons et l'humeur du patron. La plus courante est la tarte aux pommes, mais il est bien entendu que tous les autres fruits (cerises, abricots, mirabelles, ananas...) se prêtent également à cette recette. C'est simplement une question de choix... et de saison.

Allumez votre four à haute température. Posez la pâte avec son papier de cuisson dans un moule à tarte de 27 cm de diamètre. Faites remonter la pâte sur les parois du moule en pinçant bien tout autour. Piquez-la avec une fourchette, recouvrez d'une feuille de papier sulfurisé et remplissez le moule de haricots secs.

Enfournez et laissez cuire 15 minutes, puis sortez le moule du four, sans l'éteindre. Laissez le fond de tarte refroidir, puis débarrassez-le du papier sulfurisé et des haricots.

Pendant ce temps, coupez 5 pommes en 4. Pelez-les, retirez-en le cœur et coupez chaque quartier en 2. Versez l'eau et le sucre dans une casserole, délayez le sucre. Quand il a fondu, ajoutez les pommes et mélangez. Couvrez, placez la casserole sur feu doux et laissez cuire 15 à 20 minutes.

Une fois les pommes cuites, retirez la casserole du feu et écrasez-les avec une fourchette. Remettez la casserole sur feu doux et laissez cuire à nouveau pendant 5 à 10 minutes.

Quand la compote est consistante sans être liquide, étalez-la en une couche uniforme sur tout le fond de tarte. Épluchez les pommes restantes et retirez-en le cœur et les pépins. Coupez-les en quartiers, puis en lamelles fines et régulières.

Couvrez la compote de pommes de croissants de pommes bien alignés ou en cercles concentriques. Mettez la tarte au four et laissez-la cuire pendant 10 à 15 minutes. Quand les pommes sont bien cuites et dorées, sortez la tarte du four, laissez-la refroidir puis démoulez-la sur un plat de service. Si vous ne la mangez pas tout de suite, laissez-la en attente à température ambiante.

INDEX DES INGRÉDIENTS

REMERCIEMENTS

Claude Lebey remercie vivement les restaurateurs qui ont, avec grande gentillesse, réalisé les recettes figurant dans ce livre et nous ont permis de les photographier dans leurs établissements :

Serge Alzerat, L'Opportun (Paris 14e)
Serge Barbey, La Table Lauriston (Paris 16e)
Christine Boudon, La Fontaine de Mars (Paris 7e)
Yves Camdeborde, Le Comptoir (Paris 6e)
Marie-José Cervoni, Chez la Vieille, Adrienne (Paris 1er)
Christian Constant, Café Constant (Paris 7e)
Daniel Constantin, L'Auberge Pyrénées Cévennes (Paris 11e)
Jean-Christian Dumonet, Joséphine (Chez Dumonet) (Paris 6e)

L'Opportun - 62, boulevard Edgar-Quinet – 75014 Paris :
La morue parmentier – L'épaule d'agneau, pommes boulangères – La côte de bœuf, frites

La Table Lauriston - 129, rue Lauriston – 75016 Paris :
La terrine de foies de volaille – Les œufs cocotte à la bourguignonne
Le tendron de veau à la tomate – Les pommes bonne femme

La Fontaine de Mars - 129, rue Saint-Dominique – 75007 Paris :
Les filets de harengs, pommes à l'huile – Les poireaux tièdes vinaigrette
Les paupiettes de veau à l'estragon – La daube de bœuf – Les œufs à la neige

Le Comptoir - Hôtel du Relais – 9, carrefour de l'Odéon – 75006 Paris :
Les œufs durs mayonnaise

Chez la vieille, Adrienne - 1, rue Bailleul – 75001 Paris :
Les maquereaux grillés à la moutarde – Le navarin d'agneau – Le boudin, pommes purée
Le petit salé aux lentilles – Le gâteau de riz à la sauce de gelée de groseille

Café Constant – 139, rue Saint-Dominique – 75007 Paris :
Le hachis parmentier – Le chou farci – Les tomates farcies – Les « Toulouse » pommes de terre au lard

L'Auberge Pyrénées Cevennes – 106, rue de la Folie-Méricourt – 75011 Paris :
Le haddock poché, beurre fondu et épinards – Les moules marinière – La raie au beurre noisette
La blanquette de veau – Le bœuf bourguignon – Le pot-au-feu – Les andouillettes au vin blanc, macaronis au gratin – Le foie de veau meunière, gratin dauphinois – La crème caramel
Les côtes de porc charcutière – Le clafoutis aux cerises

Joséphine (Chez Dumonet) – 117, rue du Cherche-Midi – 75006 Paris :
La soupe à l'oignon gratinée – Les hors-d'œuvre classiques – Les merlans en colère
Le confit de canard, pommes sautées – La tarte aux pommes

Tous ces excellents bistrots, vous les retrouverez dans
Le Guide Lebey des restaurants de Paris et *Le Petit Lebey des bistrots parisiens*.

EDITRICE :
Estelle Cerutti
PRODUCTION ÉDITORIALE :
Justine Larroque

RÉALISATION :

CASSI EDITION

Catherine Bonifassi
Julie Bordes, Nathalie Moine,
Marie-Luce Nemo, Sabrina Regoui

CRÉDITS PHOTOGRAPHIQUES :
CASSI EDITION,
photographies de Nicolas Louis

Photogravure : LC
Achevé d'imprimer en Espagne
par Just colour Graphic en août 2006
N° d'édition : 24 692
Dépôt légal : septembre 2006

SERGE ALZERAT

L'Opportun (Paris 14e)

recettes de

BISTROTS

les grands classiques

MARIE-JOSÉ CERVONI ET CÉCILE DUBOIS

Chez la Vieille, Adrienne (Paris 1er)

YVES CAMDEBORDE

Le Comptoir (Paris 6e)

SERGE BARBEY

La table Lauriston (Paris 16e)